Couvertures supérieure et inférieure
en couleur

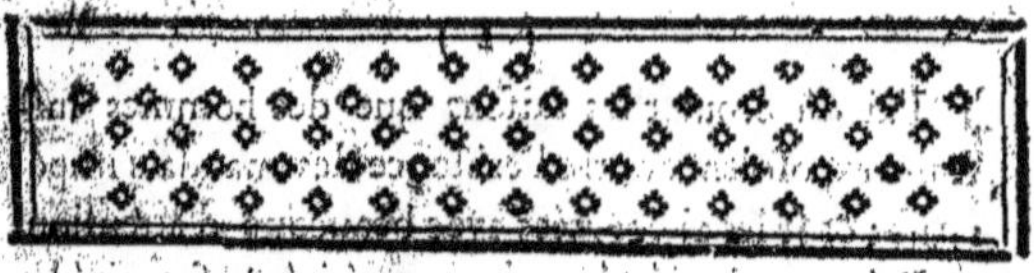

MÉMOIRE

SUR

LES MANDATS IMPÉRATIFS,

Par le Comte D'ANTRAIGUES.

> Je ne puis qu'admirer la négligence, l'incurie, & j'ose
> le dire, la stupidité de la Nation Anglaise, qui
> après avoir armé ses députés de la suprême puissance,
> n'y ajoute aucun frein pour régler l'usage qu'ils pour-
> ront en faire.
>
> J. J. ROUSSEAU, *Gouvernement de Pologne.*

J'AI long-tems hésité, avant de m'occuper à justifier mes principes au sujet des *mandats impératifs.* J'ai dû craindre que mon zèle à soutenir leur nécessité, ne parût opiniâtreté, & que l'on n'imputât aux illusions de l'amour-propre, mon attachement à des idées que j'avois soutenues & développées avec toute l'énergie dont je suis capable.

A

J'ai dû écouter les raisons que des hommes inf-
truits expofoient contre l'exiftence des mandats impératifs ; & je les ai écoutées avec beaucoup d'attention.

J'ai entendu développer avec vérité & fagacité les
inconvéniens des mandats impératifs, qui pourroient
faire naître des fciffions dans les États-Généraux ; &
attaquer avec moins d'avantage les mandats qui n'auroient pour objet que de commander l'opinion d'un
député.

J'ai entendu quelquefois, dire des injures, au
lieu de raifons, pour attaquer la doctrine des mandats ; mais la traiter *abfurde & de dangereufe*
n'eft pas la détruire, & dire qu'*on ne connoît rien
de plus abfurde & de plus dangereux*, n'eft pas le
prouver ; car on peut répondre qu'il exifte des ma-
ximes plus abfurdes & des projets plus dangereux ; &
on le prouveroit trop aifément.

Laiffant donc à part les invectives, & ne s'arrêtant
qu'aux raifons expofées par des hommes qui avoient
bien médité ce fujet, j'ai crû appercevoir que l'on con-
fondoit le danger de certains mandats, avec la né-
ceffité de l'exiftence des autres, & qu'on les prof-
crivoit tous également, pour ne les avoir pas affez
diftingués.

Je n'ai pas cru qu'il fallût défendre l'opinion de
la fouveraineté du peuple réuni dans fes bailliages &
fa puiffance fur fes députés, devant une affemblée
de députés. Ce n'eft pas à une pareille affemblée
à juger quels font les droits fouverains du Maître qui

les envoye, ni à limiter son autorité suprême. C'est à eux seulement à représenter au peuple les inconvéniens qui pourroient résulter du trop grand exercice de sa puissance. Ces représentations faites, leur autorité expire; & le peuple sera toujours le maître absolu d'user à son gré, de son pouvoir souverain.

C'est donc au peuple qu'il faut parler, quand il s'agit de l'exercice de sa puissance dans les assemblées bailliagères; car très-certainement il n'est aucun député aux Etats-Généraux, que le peuple ait chargé du soin de le dépouiller de sa puissance, dans la seule occasion où il puisse l'exercer.

Et l'inutilité d'établir une controverse à cet égard dans les États-Généraux, est encore mieux démontrée, quand on songe que les mandats impératifs ne peuvent jamais être proscrits par des décrets.

En effet, si les inconvéniens des mandats sont clairement démontrés, le peuple cessera d'en donner; & ce sera en lui l'effet de la conviction.

Que s'il n'est pas convaincu, il ne s'informera pas si ses serviteurs ont proscrit ou non les mandats: il commandera à ses députés de les soûtenir; il leur défendra de changer d'opinion, & il leur fera jurer d'être fidèles au peuple qui les envoie.

On ne transige pas avec ses sermens: on n'élude pas la volonté connue du peuple, quand il peut juger la conduite de ses députés, & les punir. Ainsi, le peuple, quoiqu'on fasse, sera toujours le maître de ses députés; & quand ils auront accepté la députation,

A 2

fi elle eſt grévée de mandats impératifs, leur conſcience, leur honneur, leur ſûreté perſonnelle, les
aſſerviront à l'obéiſſance due au peuple par des députés du peuple. Il s'agit donc de parler au peuple
& de lui expoſer ce que les mandats impératifs ont
de dangereux, & ce qu'ils ont d'utile pour le main-
tien de ſa ſouveraineté, qui conſiſte à tenir toujours
ſes députés dans la dépendance abſolue de leurs
commettans.

On conçoit aiſément l'éxiſtence de deux ſortes de
mandats impératifs; les uns qui ordonnent au député de ſoûtenir telle opinion, de la faire prévaloir
& de ſe retirer de l'aſſemblée, ſi elle y eſt rejettée.

Les autres, qui ſe bornent à commander au député
d'avoir ſur tel objet telle opinion, & de contribuer
par ſa voix, à lui procurer la majorité des ſuffrages.

De ces deux mandats, l'un eſt impératif pour l'aſſemblée elle-même; l'autre l'eſt pour le député porteur du mandat. Or, comme on ne peut commander qu'à celui qui eſt dans notre dépendance,
il eſt naturel de penſer que le premier mandat
ne peut être donné, faute de puiſſance; & que le
ſecond peut exiſter, parce que dans cette occaſion
celui qui commande eſt le ſouverain de celui qui
doit obéir.

D'ailleurs, ſe retirer de l'aſſemblée, ſi l'opinion
commandée au député ne prévaut pas, eſt encore un
acte contraire à la volonté ſouveraine du peuple. Les
François, en voulant ne former qu'un peuple, ont

(5)

voulu que ce peuple fût dirigé par une seule volonté.
Or, la retraite d'un député annonceroit l'exiftence
foûtenue de deux volontés, celle de l'affemblée &
celle du bailliage dont le député fe feroit retiré.
Mais deux volontés permanentes & fouveraines for-
ment deux États; & la France feroit divifée par l'ufage de pareils mandats; mais la volonté nationale fe
formant par la réunion des volontés particulieres, le
peuple d'un bailliage peut toujours, & il doit quelquefois, chercher à former la pluralité des fuffrages,
en afferviffant fon député à énoncer telle opinion &
à y tenir. Alors fi elle prévaut, le député eft
quitte envers fes commettans; fi elle ne prévaut pas,
il eft quitte encore, en leur proûvant que fon opinion n'a pas obtenu la pluralité des fuffrages.

Tels font les mandats impératifs que je conçois;
tels font ceux que l'on ne peut profcrire; que l'on
profcriroit vainement, parceque la volonté fouveraine
du peuple dans chaque bailliage ne peut recevoir
d'autres limites, que celles qu'il lui plaît d'y mettre.

Mais les mandats impératifs, quant à l'affemblée,
ne peuvent jamais exifter, hors un cas où leur exiftence eft légitime.

La France eft compofée de Provinces unies à la
Monarchie par leur volonté, & quelques-unes par des
traités contractés entre le Roi & les Provinces; &
dans les anciens États-Généraux, on voit que ces
traités, fouvent réclamés, ont toujours été refpectés.

Ils devoient l'être en effet. Je m'unis à vous, à

A 5

telles conditions : vous les acceptez, je vous reste
uni : vous les enfreignez, je vous suis étranger,
je redeviens libre.

Je sais qu'une politique bien entendue & fondée
sur l'intérêt même le plus cher de toutes les Provinces, les invite toutes à renoncer à ces contrats isolés,
pour se fondre en un même tout, & ne composer
qu'un seul corps, heureux par la similitude de ses loix,
indestructible par sa masse. Je sais que les raisons de
cette union sont si fortes, si plausibles, qu'il est im-
possible qu'elles ne subjuguent tous les esprits & n'as-
servissent tous les cœurs ; mais enfin ce triomphe est
peut-être l'ouvrage lent du tems & de la raison.

Tant que ce triomphe n'est pas complet, une Province attachée aux priviléges réservés dans son contrat d'union peut les réclamer : alors elle peut charger
son député d'un mandat qui ordonne que ces priviléges seront respectés, qui lui commande la retraite, s'ils ne l'étoient pas. Alors, cette retraite est le
premier acte d'indépendance d'un peuple rendu à lui-
même, & à qui la violation de son contrat d'union
rend toute sa liberté. De tels mandats peuvent exister. On conçoit dans ce cas seulement que leur exé-
cution pleine & entiere est fondée sur la loi naturelle
& la justice.

Mais le tems s'approche, où il ne seront plus pos-
sibles, & ce sera l'ouvrage de la raison.

Je sais très-bien quelles raisons on oppose à celles-
là & j'avoue que jamais elles ne m'ont touché.

On m'a très-parfaitement prouvé que l'intérêt de tous étoit, que tous fussent soumis aux même loix générales, que les priviléges des Provinces n'exiftaffent plus, qu'elles devoient les facrifier à la Patrie & à leur intérêt. J'entends très-bien cela ; mais quand on ajoute qu'il faut les contraindre à ce facrifice, on ne me dit plus rien que je puiffe comprendre, parce que je ne connois de moyen de contraindre que la force ; & que la force ne donne jamais un droit, que lorfque la volonté libre des peuples a confenti à ce que la force avoit établi ; car fans ce confentement exprès, l'état de guerre fubfifte, même au milieu de la paix, ou plutôt la paix n'eft qu'une trève ; & une Province dépouillée, par la force des autres Provinces, de fes priviléges, eft l'ennemie naturelle de ces Provinces. Elle peut fe venger auffitôt qu'elle en a la force & les moyens, fans que jamais ce droit puiffe préfcrire, que lorfqu'elle a ratifié, en pleine liberté, l'abandon des priviléges que la force lui a ravis.

J'appuie ce raifonnement d'un exemple.

Nul doute que le bien général du Royaume n'exigeât que le fel eût en Bretagne un prix qui pût difpenfer d'entourer cette Province de barrières ; & qu'il ne fût très-défirable qu'elle voulût confentir à recevoir un dédommagement, pour cette franchife qu'elle perdroit.

Mais fi, malgré l'intérêt général, la Bretagne refufe tout arrangement à cet égard, en vertu de fon contrat d'union & de fes priviléges, elle en a le droit ; & aucune puissance n'a celui de la contraindre, sans rompre aussitôt tous les les liens qui l'attachent à la Monarchie.

C'est au tems & à la raison à conquérir ses suffrages.

Mais pour revenir à mon sujet, voilà le seul cas où des mandats impératifs pour l'assemblée puissent légalement exister.

Hors ce cas prévu, tout mandat impératif pour l'assemblée, tout mandat préscrivant au député de se retirer, doit être proscrit, non par des décrets de l'assemblée, mais par les bailliages eux-mêmes, qui savent très-bien, que ne voulant pas être asservis par leurs voisins, ils ne doivent pas les asservir à leurs opinions.

Mais il existe assurément une très-grande différence entre ces mandats & ceux qui n'ont d'autre objet que de fixer l'opinion d'un député, de l'obliger à faire valoir, sur tel ou tel article, l'opinion de ses commettans & lui préscrivent de chercher à former la majorité des suffrages en faveur de telle opinion, en lui accordant la sienne. Je dis que de tels mandats doivent exister ; qu'ils ne peuvent être proscrits ; qu'ils le seroient vainement par L'ASSEMBLÉE NATIONALE ; qu'elle n'a pas le droit de les proscrire ; que ce n'est pas à elle à prescrire des loix au peuple réuni dans ses bailliages, & qu'on ne lui prouvera jamais qu'il n'est pas le maître & le souverain juge de celui qu'il envoye aux États-Généraux, non pour y porter fa propre opinion , mais pour y énoncer la volonté du peuple , quand il a plu au peuple de former une volonté expreffe & pofitive.

On a vu , de tout tems , les pouvoirs émanés du peuple , chercher à s'éloigner du peuple , & vouloit s'attribuer une forte de puiffance , indépendante de fa fouveraine volonté ; mais dans tous les États libres , le peuple a fu revendiquer fes droits & les conferver , en environnant fes officiers de fa furveillance.

En Angleterre , dans ce pays libre , dont nous dédaignons fouvent les excellentes inftitutions , mais dont nous refpectons tous les abus , les repréfentans ne font pas affervis à leurs commettans. Une fois élus , le fort du peuple eft dans leurs mains ; l'infurrection eft le feul moyen pour les réprimer. Eh bien , en Angleterre , ces repréfentans , libres envers les peuples , font les efclaves du Gouvernement. Le tarif de l'honneur & de la probité des repréfentans nationaux repofe au tréfor public ; & les repréfentans, dégagés de toute entrave envers leurs légitimes maîtres , font foumis à tous les moyens de corruption qui afferviffent en aviliffant.

Croit-on , que fi au lieu d'être feptennaire , le Parlement d'Angleterre n'avoit d'exiftence que pendant deux ans ; que fi chaque membre du Parlement étoit foumis à recevoir , fur les objets qui intéreffent fes commettans , des inftructions précifes dont il ne pût s'écarter ; s'il étoit obligé , quand fes fonctions publiques font terminées , de rendre compte à ceux

qui l'ont député, de la maniere dont il a rempli
fés fonctions ; que ce même peuple, qui l'a député,
jugeât s'il est digne de sa confiance, ou un infâme
qui a trahi ses sermens, croit-on qu'il fût alors aussi
aisé au Gouvernement de conquérir des suffrages &
de soûtenir ce négoce honteux, qui met un prix à la
vertu & pése les consciences ?

On a objecté que les peuples réunis dans leurs
bailliages n'étoient que des fractions du souverain ;
que le souverain n'existoit que par la réunion complette du peuple ; que lorsqu'il n'étoit pas réuni, la
souveraineté, éparse dans ses bailliages, n'étoit plus
une souveraineté ; qu'alors le peuple n'avoit d'autre
droit que d'élire ses représentans & de confier à ces
représentans ses destinées ; qu'alors ses représentans
rassemblés, représentant la Nation, formoient la
souveraineté.

Mais ce raisonnement spécieux ne m'a pas convaincu.
Partout où la souveraineté se trouve hors du peuple, là existe la tyrannie ; parce que la tyrannie n'est
autre chose que la souveraineté exercée par d'autres
que par le peuple. Les représentans du peuple ne font
que les mandataires du peuple ; ils n'ont pas la
la plus légere portion de la souveraineté. Elle réside
essentiellement dans le peuple qui les envoye ;
sans qu'il soit possible au peuple de placer sa souveraineté hors de son sein. Le peuple réuni dans ses
bailliages n'est pas souverain dans ses assemblées partielles, c'est-à-dire il ne peut exercer tous les droits

de la fouveraineté , parce que le vœu des autres affemblées lui étant inconnu , il ne peut faire une loi
qui feroit rejettée par les autres bailliages. Ainfi ,
quand il prefcrit à fon député de faire paffer telle loi,
& de fe retirer fi elle ne paffe pas, il exerce une
fuprématie qui ne peut lui convenir , & tous doivent
fe réunir pour la réprimer.

Mais les affemblées partielles du peuple , privées
en ce fens de la fouveraineté , ne le font pas du droit
de chercher à contribuer , par leurs vœux, à la forma-
tion d'une loi. Elles ont collectivement un vœu, une
volonté ; comme c'eft la volonté de tous qui forme
la loi, & que nulle loi n'eft obligatoire , lorfqu'elle
n'eft pas l'expreffion de la volonté générale , elles
peuvent charger leurs députés de manifefter telle opinion , comme étant celle du plus grand nombre
d'hommes de tel bailliage ; lui ordonner de la faire
valoir , pour lui obtenir des fuffrages ; & enfin lui
prefcrire de ne jamais changer de volonté à ce fujet.

Ce droit de jurifdiction fuprême d'un bailliage fur
fes députés eft une fuite néceffaire des premiers principes qui affurent la liberté.

Jamais un peuple ne peut être privé que des droits
qu'il eft dans l'impoffibilité phyfique d'exercer. Tous
ceux qu'il peut exercer lui demeurent ; & c'eft ce qui
conftitue fon inaliénable fouveraineté. Or, un grand
peuple ne peut faire la loi lui-même , parce qu'il ne
peut fe réunir fur la place publique. De cette impoffibilité eft née la repréfentation.

Alors, ce que le peuple ne peut pas faire, il le fait faire par des repréſentans.

Mais, de ce que le peuple ſe fait repréſenter, il ne s'enſuit pas qu'il ait renoncé à ſon exiſtence, à ſon intelligence ; il ne s'enſuit pas qu'il veuille ſe donner des maîtres.

Il s'enſuit ſeulement que c'eſt par des délégués qu'il veut manifeſter ſa volonté. Or, pour la manifeſter, il faut la faire connoître ; & c'eſt pour la faire connoître qu'il ordonne à ſes députés de la manifeſter.

Mais comme dans la place publique, la *minorité* reçoit la loi de la *majorité*, de même, dans les aſſemblées repréſentatives, la minorité des repréſentans reçoit la loi de la majorité ; & dès que la majorité a parlé, le peuple entier doit ſe ſoumettre, lorſque la réunion d'opinions de tous les pouvoirs émanés du peuple lui porte le témoignage de la bonté de la loi promulguée.

Mais cette ſoumiſſion ſans réſerve, due à la loi, n'affranchit pas le député d'un bailliage, qui eſt porteur d'un mandat contraire à la loi promulguée, du compte qu'il doit rendre à ſes commettans. Il n'eſt quitte envers eux, qu'après leur avoir prouvé que, fidèle à ſes mandats, il n'a pas varié d'opinion, & qu'il n'a cédé qu'à la majorité des ſuffrages.

Je penſe même que la trahiſon d'un député ne ſeroit pas un titre ſuffiſant pour autoriſer le refus d'un bailliage de recevoir une loi. Il doit ſe ſoumettre à la volonté générale ; mais il doit punir l'infidélité du mandataire, ainsi qu'il le juge convenable à sa sûreté & à ses intérêts.

On a dit encore, que le député d'un bailliage ne doit connoître de vœu impératif que le vœu national : j'en conviens ; mais je nie que le vœu national soit exclusivement formé par une assemblée de représentans, & ne puisse pas l'être par la Nation. Je dis que la manifestation précise du vœu des peuples dans les bailliages, forme le vœu national, d'une manière plus sûre, plus nationale assurément que dans l'assemblée des représentans ; & j'ajoute que nul n'a le droit de dire au peuple réuni dans ses bailliages : Vous n'aurez aucun vœu, aucune volonté, parce que ce n'est pas ici que se forme la volonté nationale ; vous ne serez point le maître de l'opinion de vos députés, attendu que le vœu national ne se forme que dans une assemblée de 1100 personnes, qui ne peuvent pas recevoir de mandats impératifs de la Nation réunie dans les bailliages.

Le peuple ne concevroit pas un pareil raisonnement ; & sentant très-bien qu'en lui seul réside la suprême puissance, & que ses représentans ne sont que ses serviteurs, il ordonnera de manière à être obéi ; & il sera obéi.

On a dit que si les mandats impératifs sont admis, il suffiroit du courier pour les porter, & que les mandats seuls formeroient l'Assemblée Nationale.

Si le peuple pouvoit, fur tous les objets poffibles, énoncer clairement fa volonté, s'il pouvoit tout examiner, tout prévoir, fa volonté écrite feroit la loi; & les mandats n'auroient pas befoin de porteurs & d'interprêtes : & ce feroit peut-être un très-grand bonheur pour le peuple. Les mandats font incorruptibles; & les porteurs des mandats ne le font pas!....

Mais le peuple n'a pas le tems ni la poffibilité de s'inftruire de tous les objets d'adminiftration & de légiflation, qui doivent occuper les repréfentans. Ainfi, en donnant fa confiance à fes mandataires, il ne peut leur confier fa fouveraine volonté, que fur un petit nombre d'objets, fi intéreffans pour lui, qu'il lui fuffit d'y fonger, pour fixer fon opinion.

Il abandonne nécessairement à leur prudence la plus grande partie des affaires; & la partie impérative des cahiers eft néceffairement bornée. C'eft donc pour completter tout ce que le peuple n'a pû faire, que le repréfentant eft envoyé; & je fuis toujours étonné, quand je vois qu'on n'eft pas accablé du fardeau énorme que vous impofe la confiance du peuple, & qu'on cherche à l'aggraver, en voulant lui ravir jufqu'au droit de manifefter fa volonté, quand il lui plaît d'en avoir une impérative.

Voilà pourquoi on confie des mandats à des repréfentans.

C'eft afin de faire valoir l'opinion des commet-

tans, fi elle eft impérative ; & afin de décider pour
eux fur tous les objets où leur volonté ne s'eft pas
manifeftée.

Ainfi, l'on voit que l'on a dû former des cahiers,
pour que le peuple pût, à fon gré, exercer fa fouveraineté ; & qu'il a fallu les confier à des repréfentans, pour qu'ils fuppléaffent au cahier, dans les
cas très-nombreux où le peuple fe confie à fes
députés.

Mais enfin, je me demande pourquoi l'on re-
doute fi fort l'influence pofitive du peuple fur les
décrets de fes repréfentans? fur-tout, lorfqu'énoncée
par l'organe d'un député, elle ne gêne en rien la
liberté des fuffrages des députés qui, n'ayant pas de
mandats, font libres, lorfqu'ils peuvent former leur
opinion à leur gré, & que la pluralité des fuffrages
dans l'Assemblée Nationale doit conftituer la loi,
quelqu'ait été l'avis du député à qui fon bailliage
a ordonné d'énoncer telle opinion. J'avoue que je
ne vois aucune raifon légitime de s'effrayer de cette
influence. Je fais qu'il eft naturel à tous les hommes
d'aimer l'indépendance, & de préférer d'agir fuivant
leur volonté, à fuivre la volonté d'autrui. Ne feroit-
ce pas un des motifs fecrets qui fait rejetter l'influence pofitive du peuple fur fes députés ?

On objectera vainement, que les bailliages ne
réuniffent pas autant d'inftruction, autant de talens,
qu'il doit s'en trouver dans une affemblée de repréfentans ; que privés de la difcuffion de ces hommes

éloquens, les bailliages ne peuvent quitter leur opinion, pour adopter la leur; qu'ainfi, en comman-
dant l'opinion de leur député, ils le privent, & fe
privent avec lui, de l'avantage qu'ils euffent pu retirer d'une difcuffion intéreffante autant qu'utile.

J'avoue qu'il eft des détails d'adminiftration, fi
épineux, qu'il eft difficile qu'un bailliage puiffe les
connoître, puifque dans l'Assemblée Nationale même, il y a tant de gens qui ont bien de la peine à les
faifir. Mais croit-on le peuple fi ftupide, qu'il prononce un vœu abfolu fur ce qu'il ne peut entendre? Il
n'eft malheureufement que trop enclin à fe livrer à
fes députés, à fe débaraffer fur eux, de toutes les
affaires; & cette funefte incurie eft un des maux qui
perdent le peuple. Or, quand le peuple forme un
vœu pofitif, c'eft que l'objet eft fi intéreffant pour
lui, qu'il n'a befoin que de réfléchir un inftant pour
arrêter fon opinion; & fur ces objets, il eft très-effen-
tiel que le peuple prononce en maître. Car cette difcuffion, fi vantée & fi utile pour quelques parties de
l'adminiftration, eft fouvent funefte, quand il s'agit
d'établir ces vérités premieres, que dans fa fim-
plicité le peuple décide à l'inftant.

Le funefte fléau de la célébrité n'atteint pas le peuple; mais il s'empare de fes repréfentans. Établir des
vérités, que tout le monde reconnoît pour telles,
n'eft pas un grand triomphe pour l'homme éloquent
tourmenté du défir de la célébrité. Alors, il attaque
ces vérités elles-mêmes; il les rend problématiques; il
emploie

emploie les efforts de son génie à faire naître le
doute ; il préfere ce doute qu'il fait naître, à la
vérité qui étoit dans tous les cœurs ; & il préféreroit
peut-être une erreur dont il seroit l'auteur, à un
décret utile au public. L'amour de la célébrité est
le fléau qui détruit, qui dévore les grandes assemblées composées de gens à talens. Ce fléau est des-
tructeur de tout bien, de toute vertu ; & comme
il est inévitable, il est bon, il est nécessaire que
le peuple éteigne cet incendie, autant qu'il le peut,
en fixant l'opinion de ses députés, sur les articles
essentiels de la constitution, sur les moyens de la
maintenir, sur les principales loix, & qu'il ne per-
mette aucune discussion, lorsque sa souveraine volonté est prononcée & connue par l'organe de ses
députés.

Mais s'il n'y a aucun inconvénient à ce que le
peuple commande, quand il lui plaît, l'opinion de
ses députés, il peut se trouver des occasions où il
résulte pour tous le plus grand avantage de l'influence directe du peuple.

Il ne faut pas espérer, pour l'avenir, des États-
Généraux tels que ceux de 1789. Les circonstances
ne seront plus les mêmes. A cette époque, tout se
réunissoit pour animer les courages & élever toutes
les âmes. Tant de malheurs ; tant de siecles de
tyrannie ; un peuple entier ivre du bonheur d'être
libre ; un roi vertueux, offrant la liberté ; des débats
qui avoient encore augmenté l'énergie ; des victoires

B

qui l'avoient portée à fon comble ; tous ces véhi-
cules manqueront à l'avenir. Il ne s'agira ni d'établir
ni de détruire, il s'agira de conferver ; & cet emploi
enflamme moins l'imagination.

Si donc dans l'avenir, il fe trouvoit des Assemblées nationales, qui ne fuffent que des repaires
d'intrigues, où des hommes avilis, mais ambitieux,
fe formaffent des partis, qui, ouvrages de l'ineptie
& de la foibleffe, créés en un jour, fuffent détruits
dans un autre, pour former encore de nouvelles
intrigues, de nouveaux partis ; s'il exiftoit dans
l'avenir, un Roi bon, foible, prêt à fe dégoûter
d'un Trône entouré d'orages, & fur lequel il n'auroit
ni un moment de repos ni un refte d'efpoir ; fi des
hommes pervers, ambitieux, connoiffant fon carac-
tère, nourriffoient en filence des projets d'ambition,
s'ils tourmentoient l'Assemblée nationale de leurs
projets funeftes, de leur ridicule ambition ; s'ils
conduifoient les uns par l'efpoir, les autres par la
terreur, quelques-uns par leurs paffions, à un but
ignoré peut-être de tous ;

Si au milieu de ce péril vivoit encore l'amour
effréné de la célébrité &, dans l'âme de ceux qui
n'ont aucun titre pour y prétendre, le plus effrayant
amour-propre ; fi l'ardeur de fe faire nommer fuf-
fifoit pour engager à avancer & à foûtenir les *motions*
les plus étranges, & que des hommes habiles fuffent
flatter ces vanités puériles, & mettre en œuvre tant
d'élémens dangereux ! . . . . . .

Qui peut douter qu'alors la volonté connue, impérative, irréfiftible du peuple, ne devînt très-incommode, & que réclamer fes *mandats*, ne fût un sûr moyen de déplaire à l'affemblée ? Qui peut douter fur-tout, qu'une opinion commandée par le peuple ne déplût à ces hommes rongés d'ambition, dévorés par des projets imaginaires, que perfonne n'a eu le tort de croire des hommes d'Etat, mais qui ont la foi de leurs éminens talens, & qui frémiffent de trouver que ce peuple, qu'ils doivent affervir à leur génie, ofe commander leur opinion ?

Mais fi ces gênes déplaifoient à quelques-uns, combien ne feroient-elles pas utiles à tous : car qui peut prévoir quels changemens concevroit, méditeroit une pareille Assemblée, & jufqu'où l'ardeur de contenter tant d'ambitions particulières entraîneroit tous les partis ? Qui fait ! Peut-être à l'anéantiffement de la monarchie, à la divifion des provinces, où chaque chef domineroit & établiroit la plus ridicule comme la plus honteufe des fervitudes, toujours en parlant d'honneur, de gloire & de liberté ?

La volonté impérative du peuple garantiroit de la plupart de ces malheurs. Obligée de la refpecter, l'Affemblée employeroit fes forces fur d'autres objets moins périlleux ; & contrainte peut-être de renoncer à de grands projets d'ambition, elle fe dégoûteroit de ceux qui n'offrent que de petits fuccès.

Je le répete donc : il ne faut pas juger les affemblées à venir, par celle de 1789. Il faut prévoir ce qu'elles peuvent devenir, & les préserver de ce malheur, en conservant à la souveraineté du peuple toute son influence. En dernière analyse, le peuple est le juge de tout; son opinion éleve ou détruit. Et qu'importe que cette opinion commande avant qu'un décret soit rendu, ou qu'elle anéantisse tous les décrets ?

La constitution même qu'on va élever ne sera qu'un projet (1), tant que l'opinion du peuple ne

---

(1) On a discuté avec beaucoup de chaleur si la sanction du Roi seroit nécessaire pour établir la constitution ; mais ce qu'a développé M. Mounier à cet égard me paroît sans réplique. Sans doute, le Roi ne sanctionnera pas la constitution, en vertu de laquelle le peuple lui remet le droit de consentir ou refuser les actes du corps législatif. Aussi est-il hors de doute, que le Roi sera obligé de promettre, d'observer & de maintenir la constitution ; mais il peut réfuser de se lier par ces assurances, en disant que la constitution qu'on lui présente n'est pas celle que le peuple veut qui soit établie ; & cet appel au peuple produira dès-lors l'effet du refus de la sanction pour les loix, avec cette exception que cet appel doit être jugé le plutôt possible, au lieu que le refus de sanctionner la loi, ne peut cesser qu'à la troisième législature.

Cette faculté d'appeler au peuple, qu'a très-bien développée M. Mounier, est de la plus haute importance, dans une assemblée, dont une partie distingue toujours très-soigneusement le *pouvoir constituant* & le *pouvoir constitué*, & croit à la fois réunir ces deux pouvoirs, ainsi qu'il lui paroît convenable ; parce que de ce premier principe, il s'ensuit n'aura pas rendue indeſtructible. Cette opinion ne s'annoncera peut-être que par ſon ſilence ; mais enfin ce ſilence ſera un conſentement ; & lui ſeul affermira l'ouvrage de ſes délégués.

D'ailleurs, il importe à tous les citoyens que le peuple retienne tout ce qu'il eſt poſſible qu'il conſerve de ſa ſouveraineté & de ſa juriſdiction ſur ſes députés. Je ne crains pas de le dire, le peuple eſt plus juſte que ne le ſera jamais une aſſemblée de repréſentans. Le peuple égaré, trompé, eſt féroce ; mais le peuple tranquille & ayant la conſcience de

---

que lorſque le pouvoir conſtituant agit en cette qualité, ſes opérations tenant à la conſtitution, n'ont pas beſoin de ſanction.

Ainſi, pour ſe délivrer de cette gêne, un corps qui ſeroit à la fois pouvoir conſtituant & pouvoir conſtitué, agiroit autant qu'il le pourroit en vertu de ce premier titre, ſi l'appel du Roi au peuple n'étoit un frein ſalutaire à ſes prétentions. Car enfin, ſi, en quoique ce ſoit, le pouvoir conſtituant peut ſe paſſer de la ſanction royale, il faut néceſſairement qu'il ſubiſſe l'appel au peuple, ſans quoi un pareil pouvoir deviendroit la plus effrayante de toutes les tyrannies.

Au reſte, on ne trouve guères dans les cahiers ces diſtinctions ſubtiles de pouvoir conſtituant & de pouvoir conſtitué.

Dans ſa ſimplicité, le peuple a conſtitué ſes repréſentans, avec ordre d'établir une conſtitution, dont il a décidé les principaux articles.

Nul doute qu'à l'avenir, il ne puiſſe encore les charger d'établir, détruire, innover dans les loix conſtitutives. Ainſi, les aſſemblées à venir, ſeront toujours, dans ce ſens, pouvoir conſtituant & pouvoir conſtitué.

fa force & de fa liberté, eft jufte, il eft bon. Ce qui rend tyrannique & cruel, c'eft la volonté de dominer, jointe à une foibleffe phyfique qu'on ne peut fe diffimuler. C'eft ce qui fait qu'une affemblée de repréfentans, éprouvant des obftacles, s'aigrit par la réfiftance, & la punit par d'iniques décrets. Mais le peuple réuni fait & voit que rien ne peut lui réfifter; que le feul moyen de le dominer, c'eft de l'obliger à fléchir devant la juftice, & que la feule manière d'honorer le peuple, c'eft de lui dire qu'il ne peut réfifter à la juftice, précifément parce qu'il eft tout puiffant & qu'il eft fort.

Enfin, je peux m'abufer; mais je fuis convaincu qu'il eft impoffible qu'une grande injuftice ne foit bientôt réparée; parce qu'il ne met aucun amour-propre à la foûtenir, au lieu qu'elle devient éternelle, quand elle eft faite par des Affemblées, attendu que tourmentées par tous les petits élans de la petite vanité, elles fe font un honneur de leur infaillibilité.

Je finis. J'ai cherché à prouver que les mandats impératifs pour l'affemblée doivent être profcrits, hors un cas très-rare; & qu'il faut efpérer que cette poffibilité même fera détruite par la volonté libre de ceux qui peuvent exercer ce droit;

Que les mandats impératifs pour les députés, & qui leur prefcrivent telle ou telle opinion, mais en les obligeant à fe foumettre à la majorité, n'avoient rien de dangereux; qu'ils étoient très-néceffaires;

que ce feroit vainement qu'ils feroient profcrits ;
qu'il n'appartenoit pas aux ferviteurs du peuple , de
limiter fa fouveraineté ; qu'ils feroient mal de la
limiter , quand ils en auroient le pouvoir ; attendu
qu'il pouvoit arriver dans l'avenir une époque où le
falut de l'Etat dépendît des *mandats impératifs*.

Telles font mes idées. J'y tiendrai conftamment ,
& je les défendrai de même, non dans l'ASSEMBLÉE,
mais devant le PEUPLE, jufqu'à ce que je voie
que je me fuis égaré. Mais jufqu'à ce moment, je
croirai que la liberté de ma Nation eft attachée à
l'ufage des *mandats impératifs* ; & fi elle y renonce,
alors, au lieu de la tyrannie d'un feul , je la croirai
flétrie & déshonorée par la tyrannie de plufieurs.

F I N.

A VERSAILLES,

De l'Imprimerie de PH-D. PIERRES, Premier Imprimeur
Ordinaire du Roi , rue St. Honoré , N° 23.